Te Erebwanti

Te korokaraki iroun Faria Islam
Te korotaamnei iroun Jovan Carl Segura

Library For All Ltd.

E boutokaaki karaoan te boki aio i aan ana reitaki ae tamaaroa te Tautaeka ni Kiribati ma te Tautaeka n Aotiteeria rinanon te Bootaki n Reirei. E boboto te reitaki aio i aon katamaaroaan te reirei ibukiia ataein Kiribati ni kabane.

E boreetiaki te boki aio iroun te Library for All rinanon ana mwane ni buoka te Tautaeka n Aotiteeria.

Te Library for All bon te rabwata ae aki karekemwane mai Aotiteeria ao e boboto ana mwakuri i aon kataabangakan te ataibwai bwa e na kona n reke irouia aomata ni kabane. Noora libraryforall.org

Te Erebwanti

E moan boreetiaki 2022
E moan boreetiaki te katootoo aio n 2022

E boreetiaki iroun Library For All Ltd
Meeri: info@libraryforall.org
URL: libraryforall.org

Te korotaamnei iroun Jovan Carl Segura

Atuun te boki Te Erebwanti
Aran te tia korokaraki Islam, Faria
ISBN: 978-1-922844-42-2
SKU02284

Te Erebwanti

Bon te man ae aki maninaki te erebwanti.

Iai bwairina ae abwaabwaki.

Iai uoua matana ao uoua taningana.

Iai aai rangana.

Iai naba bukina
ae anaanau.

Iai uabwi ma onoua mwaitin wiin te erebwanti.

E aranaki natin te erebwanti bwa te kaabu.

A taatangiria ni kani kana
te uteute ao aroka aika
uareereke taian erebwanti.

Iai uoua aekan te erebwanti
bwa – te erebwanti n Aberika
ao te erebwanti n Aatia.

Ko kona n noora te kaokoro?

Ko kona ni kaboonganai titiraki aikai ni maroorooakina te boki aio ma am utuu, raoraom ao taan reirei.

Teraa ae ko reiakinna man te boki aio?

Kabwarabwaraa te boki aio.
E kaakamanga? E kakamaaku?
E kaunga? E kakaongoraa?

Teraa am namakin i mwiin warekan te boki aio?

Teraa maamaten nanom man te boki aei?

Karina ara burokuraem ni wareware
getlibraryforall.org

Rongorongoia taan ibuobuoki

E mmwammwakuri te Library For All ma taan
korokaraki ao taan korotaamnei man aaba aika
kakaokoro ibukin kamwaitan karaki aika raraoi
ibukiia ataei.

Noora libraryforall.org ibukin rongorongo aika
boou i aon ara kataneiai, kainibaaire ibukin karinan
karaki ao rongorongo riki tabeua.

Ko kukurei n te boki aei?

Iai ara karaki aika a tia ni baarongaaki aika a kona n rineaki.

Ti mwakuri n ikarekebai ma taan korokaraki, taan kareirei, taan rabakau n te katei, te tautaeka ao ai rabwata aika aki irekereke ma te tautaeka n uarokoa kakukurein te wareware nakoia ataei n taabo ni kabane.

Ko ataia?

E rikirake ara ibuobuoki n te aonnaaba n itera aikai man irakin ana kouru te United Nations ibukin te Sustainable Development.

libraryforall.org

.